Je suis un chasseur

Mercer Mayer

Gallimard

Je suis un chasseur,
et je tue le serpent
au fond du jardin.

Mais papa n'aime
pas trop me voir
chasser.

Je suis un chevalier, et je combats
le géant qui se promène sur notre
trottoir.

Je gagne à chaque fois, mais maman ne veut pas que je me batte.

Je suis un pompier, et je sauve
les maisons en feu.

Mais la voisine me demande
de laisser sa maison tranquille.

Je suis un docteur,
et je soigne très bien.

Mais je crois que
ma petite sœur
préfère être malade.

Je suis un homme
préhistorique,
et je mange
avec mes doigts.

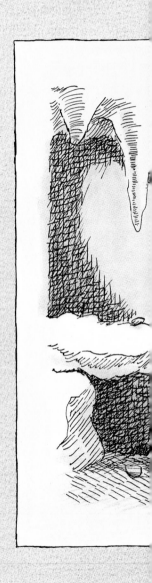

Mais papa insiste
pour que je mange
avec un couteau
et une fourchette.

Je suis un capitaine
de bateau, il est
juste assez grand
pour moi.

Papa et maman
me disent de sortir
du bain et d'aller
vite au lit.

Mais moi, je suis un capitaine,
et mon bateau m'emporte loin
sur la mer.